Oma, erzähl uns was

arsEdition *krima&isa*®

»*Erinnerung ist eine Form
der Begegnung.*«

KHALIL GIBRAN

Oma, erzähl uns was

Dieses Erinnerungsbuch ist für

_____

geschrieben von

_____

_____
Ort, Datum

Foto

Das bin ich

Name

Mädchenname

Geburtstag

Geburtsort

Geschwister

Größe

Augenfarbe

Sternzeichen

Hochzeitstag

Kinder

Beruf

Lebensmotto

Meine Lieblingssachen

Buch

Musik

Film

Spiel

Farbe

Lieblingsorte

Lieblingsessen

Lieblingstier

Was ich gerne mache

…und früher

Unser Stammbaum

Meine Familie

Ich

Opas Familie

Opa

Meine Familie

Herkunft, Berufe, Wohnorte

Fotos

Opas Familie

Herkunft, Berufe, Wohnorte

Fotos

Auch ich war mal klein

... und das ist meine Geschichte

Die Zeit, in der ich geboren wurde

Das war anders als heute

Als ich ein kleines Mädchen war ...

Erste Kindheitserinnerungen

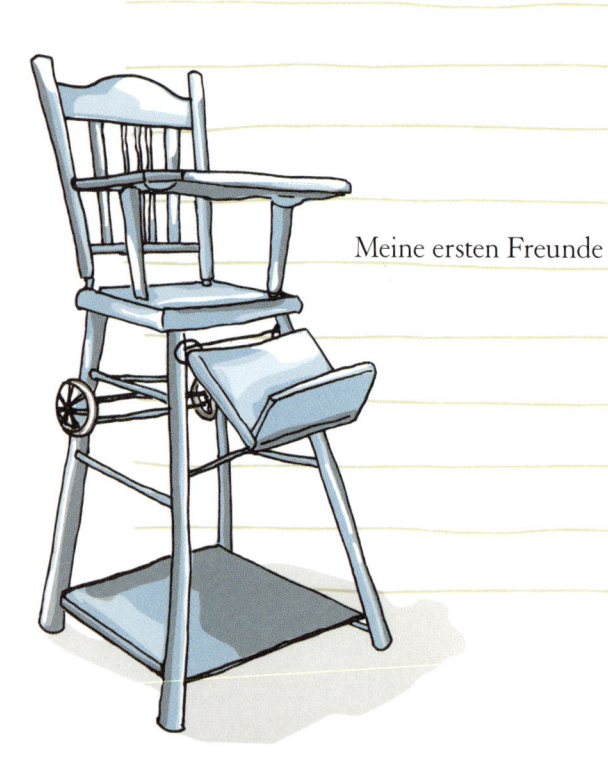

Meine ersten Freunde

Meine Lieblingslieder als Kind

Meine Lieblingsgeschichten

Unser Zuhause

Da haben wir gewohnt

Mein Kinderzimmer

Fotos

Meine Kindheit

Was wir angestellt haben

Das habe ich früher gerne gemacht

Mein schönster Urlaub als Kind

So war das damals ...

Die Arbeit meiner Eltern

Tagesablauf und Rituale

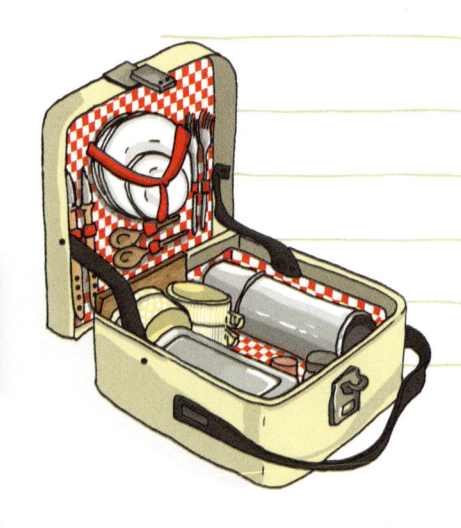

Was auf dem Tisch stand

Mein Lieblingsessen als Kind

Eis! →

Makkaroni

Würstchen

Familienfeste

So haben wir gefeiert

Mein schönstes Geschenk

Fotos

Meine Schulzeit

Mein erster Schultag

Mein Schulweg

Schulfreunde

Fotos

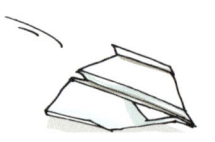

Lieblingslehrer

Lieblingsfächer

Lieblingsspiele

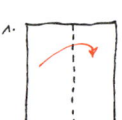

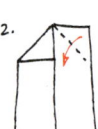

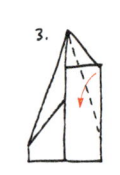

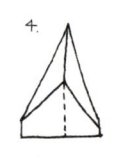

Schule damals und heute

Fotos

»Wer einst fliegen lernen will,
der muss erst stehn und gehn und laufen
und klettern und tanzen lernen.«

FRIEDRICH NIETZSCHE

Meine Jugend

Interessen und Träume

Freunde

Was wir erlebt haben

Wenn wir ausgegangen sind,

Feste, die wir gefeiert haben

... und danach

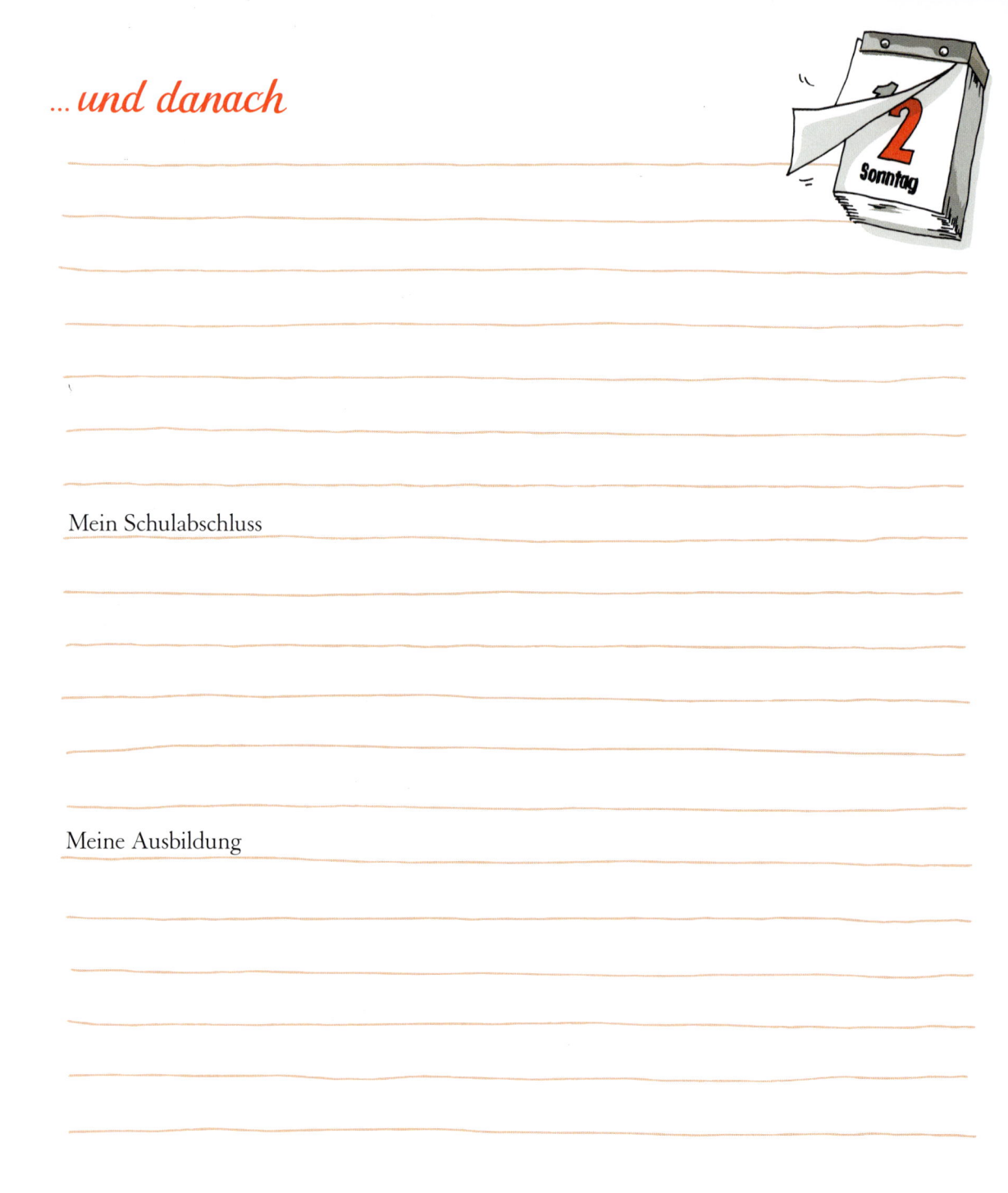

Mein Schulabschluss

Meine Ausbildung

Was ich werden wollte …

… und was ich wurde

Meine Arbeit

Stationen in meinem Leben

Ich wurde getauft
☐ ja ☐ nein

am:
in:
evangelisch/katholisch

Meine Paten:

Ich war im Kindergarten
☐ ja ☐ nein

Meine Konfirmation/Kommunion
fand statt am:
in:

Wir hatten einen Fernseher
☐ ja ☐ nein

Ich musste immer
um .... Uhr zu Hause sein.
Um .... Uhr musste ich
zu Bett gehen.

seit ....

Ich konnte Fahrradfahren mit .... Jahren.

Ich hatte ein Haustier
☐ ja ☐ nein

Das durfte ich nicht:

Name:

Ich bin von zu Hause ausgezogen mit .... Jahren.

Daran erinnere ich mich gerne:

Länder, in denen ich schon mal war:

Daran denke ich nicht so gerne zurück:

Dann bin ich umgezogen:

Meinen Führerschein habe ich mit .... Jahren gemacht.

von:

Mein erstes eigenes Auto
Jahr:

nach:

Marke:

Wichtige Weltereignisse...

... und wie ich sie erlebt habe

Mode

Das war damals angesagt

Ohne das ging ich nicht aus dem Haus

Frisuren, die ich ausprobiert habe

Fotos

Musik

Das hörte man damals

Songs, an die ich mich gerne erinnere

Konzerte, auf denen ich war

Meine erste Schallplatte

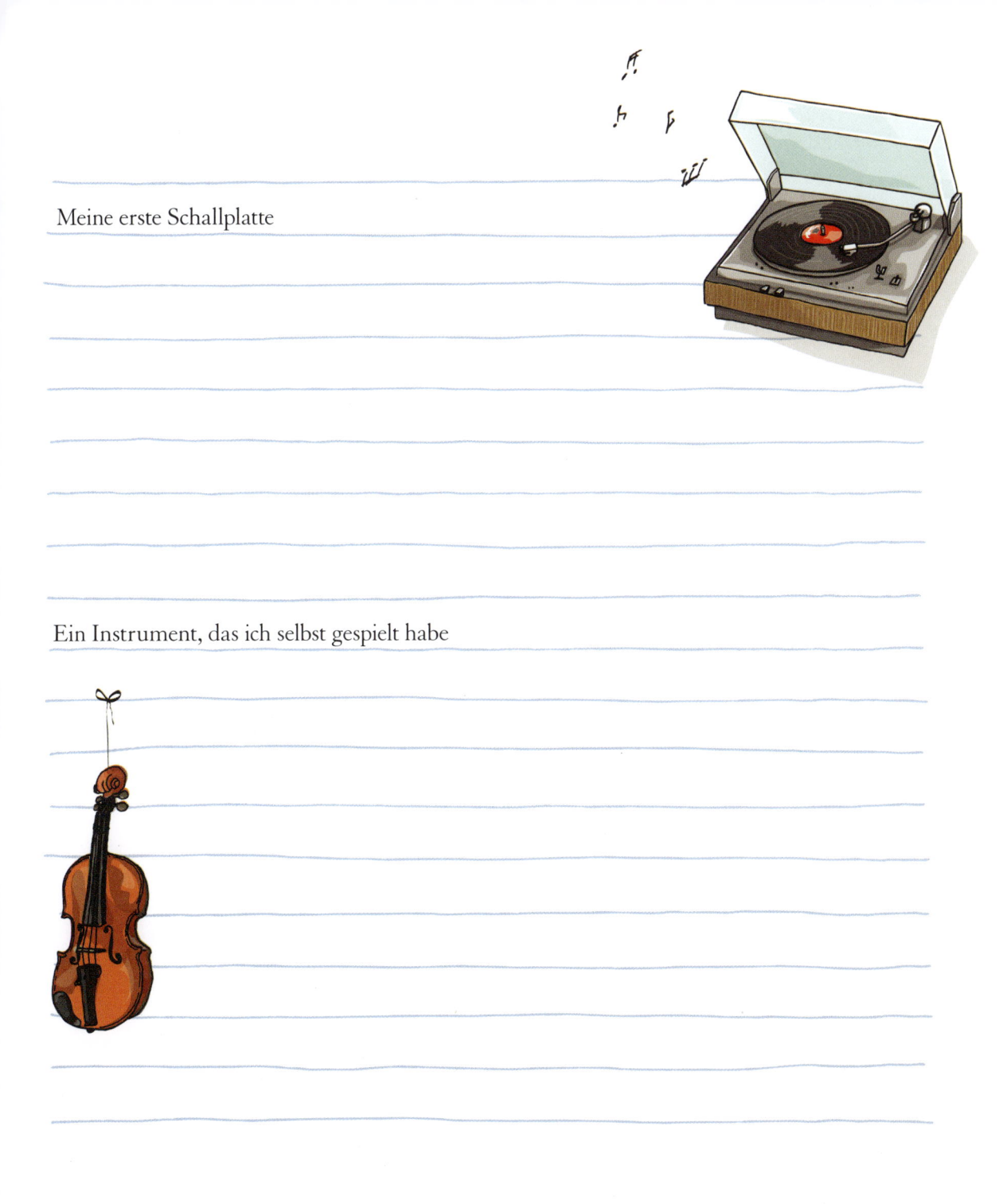

Ein Instrument, das ich selbst gespielt habe

Was es heute nicht mehr gibt

1970

1983

1950

*» Die Zeiten ändern sich
und wir uns mit ihnen. «*

OVID

... und die Liebe

Wann und wie ich deinen Opa kennengelernt habe

Was wir Besonderes miteinander erlebt haben

Hochzeit

Fotos

»*Für die Welt bist du jemand,
   aber für jemanden bist du die Welt.*«

UNBEKANNT

Wir gründen eine Familie

Unsere Kinder

Ich als Mama

Deine Mama / dein Papa kommt auf die Welt

Deine Mama / dein Papa als Kind

Unser erstes Zuhause als junge Familie

Da haben wir gewohnt

So war unsere Wohnung eingerichtet

Fotos

Familienleben

Woran ich mich gerne erinnere

Was mir wichtig war

Foto

Endlich Oma!

Super-Oma

Als meine Enkel auf die Welt kamen

»Das Erste, das der Mensch im Leben vorfindet,
das Letzte, wonach er die Hand ausstreckt,
das Kostbarste, was er im Leben besitzt, ist die Familie.«

ADOLPH KOLPING

Worin du mir ähnelst / Wem du ähnlich bist

Meine Lieblingsrezepte für dich

Erinnerungen

Das war mir immer wichtig

Das würde ich heute anders machen

Worauf ich stolz bin

Pläne

Dinge, die ich im Leben noch machen will

»Fang nie an aufzuhören,
höre nie auf anzufangen.«

CICERO

Ich wünsche dir...

Impressum

In einigen Fällen war es nicht möglich, für den Abdruck der Texte die Rechteinhaber zu ermitteln. Honoraransprüche der Autoren, Verlage und ihrer Rechteinhaber bleiben erhalten.

© 2011 arsEdition GmbH, München
und krima & isa, Hamburg
Alle Rechte vorbehalten

Text: Katharina Werschetzki
Illustrationen und grafische Gestaltung: krima & isa
ISBN 978-3-7607-3564-1

www.arsedition.de
www.krima-isa.de